ROULAGE

—

DÉCRET

Du 3 novembre 1855

SUR LA

POLICE DU ROULAGE

ET DES MESSAGERIES PUBLIQUES

EN ALGÉRIE

SUIVI D'UN ARRÊTÉ MINISTÉRIEL DATÉ DU MÊME JOUR

PARIS

LÉAUTEY, Imprimeur-Libraire de la Gendarmerie

Rue Saint-Guillaume, 24.

1881.

ROULAGE

—

DÉCRET

Du 3 novembre 1855

SUR LA

POLICE DU ROULAGE

ET DES MESSAGERIES PUBLIQUES

EN ALGÉRIE

SUIVI D'UN ARRÊTÉ MINISTÉRIEL DATÉ DU MÊME JOUR

PARIS

LÉAUTEY, Imprimeur-Libraire de la Gendarmerie

Rue Saint-Guillaume, 24.

—

1881.

POLICE DU ROULAGE

ET DES

MESSAGERIES PUBLIQUES

EN ALGÉRIE.

RAPPORT A L'EMPEREUR.

SIRE,

La loi du 30 mai 1851, qui a affranchi le roulage, dans la métropole, des entraves que l'ancienne législation avait cru nécessaire de faire peser sur lui, dans l'intérêt de la conservation des routes, imposait l'obligation d'étudier les moyens d'appliquer

cette loi à l'Algérie, où les mêmes besoins deman-
daient les mêmes réformes.

Un décret présidentiel du 29 janvier 1849, calqué
sur les anciens règlements de France, avait assujetti le roulage, dans cette colonie, à de nombreuses
restrictions concernant le poids ou chargement, la
largeur des jantes, le nombre des chevaux d'attelage, ou autres bêtes de trait. Aussi, les inconvé-
nients précédemment reconnus dans la métropole
y venaient gêner le transport des produits de toute
nature, surtout des produits agricoles, et retarder
le développement de la colonisation.

A une époque où, dans l'intérêt général, le Gouvernement s'applique à rendre les communications
plus rapides et plus économiques par l'établissement de chemins de fer, qui, en abrégeant les dis-
tances et en diminuant les frais de transport, pro-
curent des débouchés plus nombreux et plus fré-
quents aux produits du sol et de l'industrie, l'état
des choses à l'égard du roulage ne pouvait être
maintenu.

Un grand principe, d'ailleurs, avait été posé dans
la discussion qui a précédé l'adoption de la loi du
30 mai 1851 : c'est que « le commerce et l'industrie
retirent de la liberté du roulage des avantages telle-
ment considérables, qu'ils ne peuvent être mis en

balance avec l'augmentation de dépense, relative-
ment faible, que la dégradation des routes et le sur-
croît de réparations peuvent faire supporter à
l'État. »

Un tel argument serait susceptible, comme il le
fut alors, de décider la question; mais un fait plus
puissant encore est venu à l'appui des dispositions
de la loi nouvelle. Le simple raisonnement avait
déjà indiqué qu'il existait dans l'organisation, dans
l'essence même du roulage, des conditions qui, na-
turellement, empêcheraient d'abuser de la liberté
du chargement; et en effet, l'expérience a constaté,
en France, que les routes placées en dehors des
lignes de chemins de fer, et qui ont conservé leur
ancienne circulation, n'ont pas été plus détériorées
par le roulage affranchi de ses anciennes entraves,
et que, par conséquent, l'Etat ne consacre à leur
entretien annuel qu'à peu près les mêmes sommes
qu'autrefois.

Tels sont, Sire, les motifs qui m'ont déterminé à
proposer à Votre Majesté de faire jouir l'Algérie des
avantages qui viennent d'être indiqués, en y décré-
tant l'application des principes et des dispositions
de la loi du 30 mai 1851, sur la liberté du roulage.
Le projet de décret que j'ai l'honneur de soumettre
à la signature de Votre Majesté a été élaboré dans

ce but, en tenant compte, toutefois, des modifications de détail nécessitées par l'organisation administrative du pays.

Paris, le 3 novembre 1855.

Le Maréchal de France,
Ministre Secrétaire d'État de la Guerre,

Signé : VAILLANT.

DÉCRET.

—

Napoléon,

Par la grâce de Dieu et la volonté nationale, Empereur des Français,

À tous présents et à venir, salut :

Vu l'arrêté présidentiel du 29 janvier 1849, réglant la police de roulage et des messageries en Algérie;

La loi du 30 mai 1851, réglant la même matière en France ;

La délibération du Conseil de Gouvernement de l'Algérie, du 3 novembre 1851 ;

L'avis du Comité consultatif de l'Algérie, du 6 mai 1852 ;

Les délibérations du Conseil de Gouvernement, en date des 25 juillet, 8 et 18 août 1853, 5 et 23 décembre 1854 ;

L'avis du Conseil général des ponts et chaussées, du 12 août 1855 ;

La lettre du ministre de l'agriculture, du commerce et des travaux publics, du 15 septembre 1855 ;

Sur le rapport de notre ministre, secrétaire d'État au département de la guerre,

Avons décrété et décrétons ce qui suit :

TITRE Ier.

*Des conditions de la circulation des voitures
en Algérie.*

Art. 1er. — Les voitures suspendues ou non suspendues, servant au transport des personnes ou des marchandises, peuvent circuler sur toutes les voies publiques, en Algérie, sans aucune condition de réglementation de poids ou de largeur de jantes.

Art. 2. — Des arrêtés du ministre de la guerre détermineront :

§ 1er. Pour toutes les voitures :

1° La forme des moyeux, le maximum de la longueur des essieux, et le maximum de leur saillie au-delà des moyeux ;

2° La forme des bandes des roues ;

3° La forme des clous des bandes ;

4° Les conditions à observer pour l'emplacement et les dimensions de la plaque prescrite par l'art. 3 ;

5° Le maximum du nombre des chevaux de l'attelage que peut comporter la police ou la libre circulation des routes ;

6° Les mesures à prendre pour restreindre momentanément la circulation sur les routes ou sur les chemins vicinaux, ainsi que les précautions à prendre pour la protection des ponts.

§ 2. Pour les voitures ne servant pas au transport des personnes :

1° La largeur du chargement ;

2° La saillie des colliers de chevaux ;

3° Les modes d'enrayage ;

4° Le nombre des voitures qui peuvent être réunies en un même convoi, l'intervalle qui doit rester libre d'un convoi à un autre, et le nombre de conducteurs exigé pour la conduite de chaque convoi;

5° Les autres mesures de police à observer par les conducteurs, notamment en ce qui concerne le stationnement sur les routes, et les règles à suivre pour éviter ou dépasser d'autres voitures.

Sont affranchies de toute réglementation de largeurs de chargement les voitures de l'agriculture servant au transport des récoltes de la ferme aux champs et des champs à la ferme.

§ 3. Pour les voitures des messageries :

1° Les conditions relatives à la solidité et à la stabilité des voitures ;

2° Le mode de chargement, de conduite et d'enrayage des voitures ;

3° Le nombre des personnes qu'elles peuvent porter ;

4° La police des relais ;

5° Les autres mesures de police à observer par les conducteurs, cochers ou postillons, notamment pour éviter ou dépasser d'autres voitures.

Art. 3. — Toute voiture circulant sur les voies publiques doit être munie d'une plaque conforme au modèle prescrit par l'arrêté ministériel rendu en vertu de l'art. 2.

Sont exceptées de cette disposition :

1° Les voitures particulières destinées au transport des personnes, mais étrangères à un service public des messageries ;

2° Les voitures appartenant à l'administration des postes ;

3° Les voitures d'artillerie, chariots et fourgons appartenant au département de la guerre et de la marine ;

Des arrêtés ministériels détermineront les marques distinctives que doivent porter les voitures désignées aux §§ 2 et 3, et les titres dont leurs conducteurs doivent être munis ;

4° Les voitures employées à la culture des terres, au transport des récoltes, à l'exploitation des fermes, qui se rendent de la ferme aux champs ou des champs à la ferme, ou qui servent au transport des objets récoltés du lieu où ils ont été recueillis jusqu'à celui où, pour les conserver ou les manipuler, le cultivateur les dépose ou les rassemble.

TITRE II.

De la Pénalité.

Art. 4. — Sera punie d'une amende de cinq à trente francs, toute contravention aux règlements qui détermineront :

1° Pour toutes les voitures :

La forme des moyeux, le maximum de la longueur des essieux et le maximum de leur saillie au delà des moyeux ;

La forme des bandes des roues ;

La forme des clous des bandes ;

Le maximum du nombre des chevaux d'attelage que peut comporter la police ou la libre circulation des routes ;

Les mesures concernant la restriction momentanée de la circulation sur les routes ou sur les chemins vicinaux, et les précautions à prendre pour la protection des ponts.

2° Pour les voitures ne servant pas au transport des personnes :

La largeur du chargement ;

La saillie des colliers de chevaux ;
Les modes d'enrayage.

Art. 5. — Sera punie d'une amende de cinq à dix francs et d'un emprisonnement de un à trois jours, toute contravention aux dispositions déterminant :

Le nombre des voitures qui peuvent être réunies en un même convoi, l'intervalle qui doit rester libre d'un convoi à un autre, et le nombre de conducteurs exigé pour la conduite de chaque convoi ;

Les autres mesures de police à observer par les conducteurs, notamment en ce qui concerne le stationnement sur les routes, et les règles à suivre pour éviter ou dépasser d'autres voitures ;

En cas de récidive, l'amende pourra être portée à quinze francs, et l'emprisonnement à cinq jours.

Art. 6. — Sera punie d'une amende de seize à deux cents francs, et d'un emprisonnement de cinq à dix jours, toute contravention aux règlements qui détermineront pour les voitures de messageries :

Les conditions relatives à la solidité et à la stabilité des voitures ;

Le mode de chargement, de conduite et d'enrayage des voitures ;

Le nombre de personnes qu'elles peuvent porter ;

La police des relais ;

Les autres mesures de police à observer par les conducteurs, cochers ou postillons, notamment pour éviter ou dépasser d'autres voitures.

Art. 7. — Tout propriétaire d'une voiture circulant sur des voies publiques, sans qu'elle soit munie de la plaque prescrite par l'art. 3, et par les arrêtés en exécution de l'art. 2, sera puni d'une amende de cinq à quinze francs, et le conducteur d'une amende d'un à cinq francs.

Art. 8. — Tout propriétaire ou conducteur de voiture qui aura fait usage d'une plaque portant soit un nom, soit un domicile faux ou supposé, sera puni d'une amende de cinquante à deux cents francs, et d'un emprisonnement de six jours au moins et de six mois au plus.

La même peine sera applicable à celui qui, conduisant une voiture dépourvue de plaque, aura déclaré un nom ou un domicile autre que le sien ou que celui du propriétaire pour le compte duquel la voiture est conduite.

Art. 9. — Lorsque par la faute, la négligence ou l'imprudence du conducteur, une voiture aura causé un dommage quelconque à une route ou à ses dépendances, le conducteur sera condamné à une amende de trois à cinquante francs.

Il sera, de plus, condamné aux frais de la réparation.

Art. 10. — Sera puni d'une amende de seize à cent francs, indépendamment de celle qu'il pourrait avoir encourue pour toute autre cause, tout voiturier ou conducteur qui, sommé de s'arrêter par l'un des fonctionnaires ou agents chargés de constater les contraventions, aura refusé d'obtempérer à cette sommation et de se soumettre aux vérifications prescrites.

Art. 11. — Les dispositions du livre III, titre Ier, chapitre III, section 4, § 2 du Code pénal, sont applicables en cas d'outrage ou de violence envers les fonctionnaires ou agents chargés de constater les délits et contraventions prévus par la présente loi.

Art. 12. — Lorsqu'une même contravention ou un même délit prévu aux art. 4, 7 et 8 a été constaté à plusieurs reprises, il n'est prononcé qu'une seule condamnation, pourvu qu'il ne se soit pas écoulé plus de vingt-quatre heures entre la première et la dernière constatation.

Lorsqu'une même contravention ou un même délit prévu à l'art. 6 a été constaté à plusieurs reprises pendant le parcours d'un même relais, il n'est prononcé qu'une seule contravention.

Sauf les exceptions mentionnées au présent article, lorsqu'il aura été dressé plusieurs procès-verbaux de contravention, il sera prononcé autant de condamnations qu'il y aura eu de contraventions constatées.

Art. 13. — Tout propriétaire de voiture est responsable des amendes, des dommages-intérêts et des frais de réparation prononcés, en vertu des articles du présent titre, contre toute personne préposée par la loi à la conduite de sa voiture.

Si la voiture n'a pas été conduite par ordre et pour le compte du propriétaire, la responsabilité est encourue par celui qui a préposé le conducteur.

Art. 14. — Les dispositions de l'art. 463 du Code pénal sont applicables dans tous les cas où les tribunaux correctionnels ou de simple police prononcent en vertu de la présente loi.

TITRE III.

De la Procédure.

Art. 15. — Sont spécialement chargés de constater les contraventions et délits prévus par le présent décret, les conducteurs, agents voyers, cantonniers chefs et autres employés du service des ponts et chaussées ou de la petite voirie, commissionnés à cet effet, les gendarmes, les gardes champêtres, les employés des contributions indirectes, agents forestiers ou des douanes, et employés des poids et mesures ayant droit de verbaliser, et les employés de l'octroi ayant le même droit.

Peuvent également constater les contraventions et les délits prévus par le présent décret, les maires et adjoints, les commissaires et agents assermentés de police, les ingénieurs des ponts et chaussées, les officiers, les sous-officiers de gendarmerie, et toute personne commissionnée par l'autorité pour la surveillance de l'entretien des voies de communication.

Les dommages prévus à l'art. 9 sont constatés, pour les routes et les chemins vicinaux, par les ingénieurs, les conducteurs et autres agents des ponts et chaussées, commissionnés à cet effet, sans préjudice du droit réservé à tous les fonctionnaires et agents mentionnés au présent article, de dresser procès-verbal du fait de dégradation qui a eu lieu en leur présence.

Art. 16. — Les contraventions prévues par les art. 4 et 6 ne peuvent, en ce qui concerne les voitures publiques allant au trot, être constatées qu'aux lieux de départ, d'arrivée, de relais et de stations desdites voitures, ou à l'entrée des villes ou villages, sauf toutefois celles qui concernent le nombre de voyageurs, le mode de conduite des voitures, la police des conducteurs, cochers ou postillons, et les moyens d'enrayage.

Art. 17. — Les procès-verbaux dressés en vertu

du présent décret font foi jusqu'à preuve contraire.
Ils ne sont pas sujets à l'affirmation.

Art. 18. — Ces procès-verbaux sont enregistrés en débet dans la huitaine de leur date, à peine de nullité.

Ils sont adressés, dans les six jours de l'enregistrement, aux sous-préfets ou aux commissaires civils, qui les transmettent dans les deux jours de leur réception, au préfet, s'il s'agit de la compétence des conseils de préfecture, ou au procureur impérial, s'il s'agit d'une contravention de la compétence des tribunaux.

Art. 19. — Les contraventions prévues par les art. 4 et 9 seront jugées, pour toute la province, par le conseil de préfecture.

Tous les autres délits et contraventions prévus par le présent décret sont de la compétence des tribunaux.

Art. 20. — Lorsqu'une voiture est dépourvue de plaque et que le propriétaire n'est pas connu, la voiture est provisoirement retenue, et le procès-verbal immédiatement porté à la connaissance du maire de la commune où il a été dressé, ou de la commune la plus proche sur la route que suit le prévenu.

Le maire arbitre provisoirement le montant de l'amende, et, s'il y a lieu, des frais de réparation, et il en ordonne la consignation immédiate, à moins qu'il ne lui soit présenté une caution solvable.

A défaut de consignation ou de caution, la voiture est retenue jusqu'à ce qu'il ait été statué sur le procès-verbal.

Les frais qui en résultent sont à la charge du propriétaire.

Le contrevenant est tenu d'élire domicile dans le département du lieu où la contravention a été constatée ; à défaut d'élection de domicile, toute notification lui sera valablement faite au secrétariat de la commune dont le maire aura arbitré l'amende sur les frais de réparation.

Art. 21. — Il en est de même dans le cas de procès-verbal dressé à raison de l'un des délits prévus à l'art. 8.

Il sera procédé de la même manière à l'égard de tout conducteur de voiture de roulage ou de messageries inconnu dans le lieu où il serait pris en contravention, et qui ne serait point régulièrement muni d'un passeport, d'un livret ou d'une feuille de route, à moins qu'il ne justifie que la voiture appartient à une entreprise de roulage ou de messageries, ou qu'il ne résulte des lettres de voiture ou des autres papiers qu'il aurait en sa possession, que la voiture appartient à celui dont le domicile serait indiqué sur la plaque.

Art. 22. — S'il s'agit d'une contravention de la compétence du conseil de préfecture, copie du procès-verbal est notifiée, avec citation, par la voie administrative, au domicile du propriétaire, tel qu'il est indiqué sur la plaque, ou tel qu'il a été déclaré par le contrevenant, et quand il y a lieu, à celui du conducteur.

Cette notification aura lieu dans le mois de l'enregistrement, à peine de déchéance.

Le délai est étendu à deux mois lorsque le contrevenant n'est pas domicilié dans la province où la contravention a été constatée ; il est étendu à un an lorsque le domicile du contrevenant n'a pu être constaté au procès-verbal.

Si le domicile du conducteur est resté inconnu, toute notification qui lui est faite au domicile du propriétaire est valable.

Art. 23. — Le prévenu est tenu de produire, dans le délai de trente jours, ses moyens de défense devant le conseil de préfecture.

Ce délai court à compter de la date de la notification du procès-verbal; mention en est faite dans la dite notification.

A l'expiration du délai fixé, le conseil de préfecture prononce, lors même que les moyens de défense n'auraient pas été produits.

Art. 24. — L'arrêté du conseil de préfecture est notifié au contrevenant dans la forme administrative, dix jours au moins avant toute exécution. Si la condamnation a été prononcée par défaut, la notification faite au domicile énoncé sur la plaque est valable.

L'opposition à l'arrêté rendu par défaut devra être formée dans le délai de quarante jours, à compter de la date de la notification.

Art. 25. — Le recours au Conseil d'État contre l'arrêté du conseil de préfecture peut avoir lieu par simple mémoire déposé au secrétariat général de la préfecture ou à la sous-préfecture, et sans l'intervention d'un avocat au Conseil d'État.

Il sera délivré au déposant récépissé du mémoire, qui devra être immédiatement transmis par le préfet.

Si le recours est formé au nom de l'administration, il devra l'être dans les trois mois de la date de l'arrêté.

Art. 26. — L'instance à raison des contraven-

1...

tions de la compétence des conseils de préfecture est périmée par six mois, à compter de la date du dernier acte des poursuites, et l'action publique est éteinte, à moins de fausses indications sur la plaque ou de fausses déclarations en cas d'absence de plaque.

Art. 27. — Les amendes se prescrivent par une année, à compter de la date de l'arrêté du conseil de préfecture, ou à compter de la décision du Conseil d'État, si le pourvoi a eu lieu.

En cas de fausses indications sur la plaque, ou de fausses déclarations du nom ou du domicile, la prescription n'est acquise qu'après cinq années.

Art. 28. — Lorsque le procès-verbal constatant le délit ou la contravention a été dressé par l'un des agents désignés au § 1er de l'art. 15, le tiers de l'amende prononcée appartient au dit agent, à moins qu'il ne s'agisse d'une contravention ou d'un délit prévu aux art. 10 et 11.

Les deux autres tiers sont attribués soit au Trésor public, soit à la caisse locale et municipale, soit aux communes intéressées, selon que la contravention ou le dommage concerne une route impériale, une route provinciale ou départementale, ou un chemin vicinal. Il en est de même du total des frais de réparation réglés en vertu de l'art. 9, ainsi que du total de l'amende, lorsqu'il n'y a pas lieu d'appliquer les dispositions du § 1er du présent article.

TITRE IV.

Art. 29. — Le décret du 29 janvier 1849 est et demeure abrogé.

TITRE V.

Art. 30. — Amnistie est accordée pour les peines actuellement encourues ou prononcées à raison des infractions aux règlements concernant le roulage et les messageries publiques.

Cette amnistie n'est point applicable aux frais avancés par l'État, ni à la part attribuée par les lois et règlements, sur le montant des amendes prononcées, aux divers agents qui ont constaté les contraventions.

Les sommes recouvrées avant la promulgation de la présente loi, en vertu des décisions des conseils de préfecture, ne seront pas restituées.

Art. 31. — Notre ministre secrétaire d'État au département de la guerre est chargé de l'exécution du présent décret.

Fait au palais de Saint-Cloud, le 3 novembre 1855.

Signé : NAPOLÉON.

Par l'Empereur :

Le Maréchal de France,
Ministre Secrétaire d'État de la Guerre,

Signé : Vaillant.

Vu pour être promulgué en Algérie.

Alger, le 4 décembre 1855.

Le Gouverneur général,
Comte RANDON.

ARRÊTÉ.

—

Le Ministre de la guerre,

Vu l'art. 2 du décret du 3 novembre 1855 sur la police du roulage et des messageries publiques *en Algérie.*

Arrête :

TITRE PREMIER.

Dispositions applicables à toutes les voitures.

Article 1er. — Les essieux des voitures ne peuvent avoir plus de deux mètres cinquante centimètres (2ᵐ 50) de largeur, ni dépasser, à leurs extrémités, le moyeu de plus de six centimètres (0ᵐ 06).

La saillie des moyeux, y compris celle de l'essieu, n'excèdera pas plus de douze centimètres (0ᵐ 12) le plan passant par le bord extérieur des bandes. Il est accordé une tolérance de deux centimètres (0ᵐ 02) sur cette saillie, pour les roues qui ont déjà fait un certain service.

Art. 2. — Il est expressément défendu d'employer des clous à tête de diamant. Tout clou de bande sera rivé à plat, et ne pourra, lorsqu'il sera posé à neuf, former une saillie de plus de cinq millimètres (0ᵐ 005).

Art. 3. — Il ne peut être attelé :

1° Aux voitures servant au transport des marchandises, plus de cinq chevaux si elles sont à deux roues, plus de huit si elles sont à quatre roues, sans qu'il puisse y avoir plus de cinq chevaux de file ;

2° Aux voitures servant au transport des personnes, plus de trois chevaux si elles sont à deux roues, plus de six si elles sont à quatre roues.

Art. 4. — Lorsqu'il y aura lieu de transporter des blocs de pierre, des locomotives ou autres objets d'un poids considérable, l'emploi d'un attelage exceptionnel pourra être autorisé, sur l'avis des ingénieurs ou des agents voyers, par les préfets des départements traversés.

Art. 5. — Les prescriptions de l'art. 3 ne sont pas applicables sur les parties des voies publiques affectées de rampes d'une déclivité ou d'une longueur exceptionnelles.

Les limites de ces parties de routes ou de chemins vicinaux sur lesquelles l'emploi de chevaux de renfort est autorisé, sont déterminées par un arrêté du préfet, sur la proposition de l'ingénieur en chef du département, et indiquées sur place par des poteaux portant cette inscription : *Chevaux de renfort.*

Pour les voitures marchant avec relais réguliers et servant au transport des personnes ou des marchandises, la faculté d'atteler des chevaux de renfort s'étend à toute la longueur des relais dans lesquels sont placés les poteaux.

L'emploi de chevaux de renfort peut être autorisé temporairement sur les parties de routes ou de chemins vicinaux qui ne sont pas parvenues à l'état d'entretien, ou sur lesquelles, par suite de travaux de réparation ou d'autres circonstances accidentelles, cette mesure sera nécessaire.

Dans ce cas, le préfet fera placer des poteaux provisoires.

Art. 6. — Lorsqu'une route ou une partie de route, un chemin vicinal ou une partie de chemin vicinal, ne sera pas encore parvenue à l'état d'entretien, et ne pourrait, sans de trop grands dommages, être abandonnée à la liberté du roulage, le préfet pourra, sur l'avis de l'ingénieur en chef, y restreindre momentanément la circulation.

L'arrêté qu'il prendra à cet effet indiquera l'espace et le nombre des bêtes de trait qui pourront être attelées à chaque voiture.

Toute voiture prise en contravention aux dispositions du présent article sera arrêtée et les bêtes de trait seront mises en fourrière dans l'auberge la plus rapprochée, le tout, sans préjudice de l'amende stipulée à l'art. 4, titre ii, du décret du 3 novembre 1855, et des frais de réparation mentionnés dans l'art. 9 dudit décret.

Art. 7. — Pendant la traversée des ponts autres que les ponts en pierre, les chevaux seront mis au pas, les voituriers ou rouliers tiendront les guides ou le cordeau, les conducteurs et postillons resteront sur leurs sièges.

Défense est faite aux rouliers et autres voituriers de dételer aucun de leurs chevaux pour le passage des ponts.

Toute voiture attelée de plus de cinq chevaux ne doit pas s'engager sur le tablier d'une travée quand il y a déjà sur cette travée une voiture d'un attelage supérieur à ce nombre de chevaux.

Pour les ponts qui n'offriraient pas toutes les garanties nécessaires pour le passage des voitures lourdement chargées, il pourra être adopté par le préfet telles dispositions qui seront jugées nécessaires.

Dans des circonstances urgentes, les maires pourront prendre telles mesures que leur paraîtra commander la sûreté publique, sauf à en rendre compte à l'autorité supérieure.

Les mesures prescrites pour la protection des ponts seront, dans tous les cas, placardées à l'entrée et à la sortie de ces ponts.

Art. 8. — Tout roulier ou conducteur de voiture doit se ranger à sa droite, à l'approche de toute autre voiture, de manière à lui laisser libre au moins la moitié de la chaussée.

Art. 9. — Il est interdit de laisser stationner sans nécessité sur la voie publique aucune voiture attelée ou non attelée.

TITRE II.

Dispositions applicables aux voitures ne servant pas au transport des personnes.

Art. 10. — La largeur du chargement des voitures qui ne servent pas au transport des personnes ne peut excéder deux mètres cinquante centimètres (2ᵐ 50). Il est accordé une tolérance d'un mètre en sus pour les voitures transportant des produits agricoles ou des fagots. Toutefois, le préfet peut délivrer des permis de circulation pour les objets d'un grand volume qui ne seraient pas susceptibles d'être chargés dans ces conditions.

Sont affranchies, conformément au décret du 3 novembre 1855, de toute réglementation de largeur de chargement, les voitures d'agriculture, lorsqu'elles sont employées au transport des récoltes des champs à la ferme et de la ferme aux champs.

Art. 11. — La largeur des colliers des chevaux ou autres bêtes de trait ne peut dépasser quatre-vingt-dix centimètres (0^m 90), mesurés entre les points les plus saillants des pattes des attelles.

Art. 12. — Lorsque plusieurs voitures marchent à la suite les unes des autres, elles doivent être distribuées en convois de quatre voitures au plus, si elles sont à quatre roues et attelées d'un seul cheval ; de trois voitures au plus, si elles sont à deux roues et attelées d'un seul cheval, et de deux voitures au plus si l'une d'elles est attelée de plus d'un cheval.

L'intervalle d'un convoi à l'autre ne peut être moindre de cinquante mètres.

Art. 13. — Tout voiturier ou conducteur doit se tenir constamment à portée de ses chevaux ou bêtes de trait et en position de les guider.

Il est interdit de faire conduire par un seul conducteur plus de quatre voitures à un cheval si elles sont à quatre roues, et plus de trois voitures à un cheval si elles sont à deux roues.

Chaque voiture attelée de plus d'un cheval doit avoir un conducteur. Toutefois, une voiture dont le cheval est attaché derrière une voiture attelée de quatre chevaux au plus n'a pas besoin d'un conducteur particulier.

Les règlements de police municipale détermineront, en ce qui concerne la traverse des villes, bourgs et villages, les restrictions qui peuvent être apportées aux dispositions du présent article et de celui qui le précède.

Art. 14. — Aucune voiture marchant isolément ou en tête d'un convoi ne peut circuler pendant la nuit sans être pourvue d'un fallot ou d'une lanterne allumée.

Il en est de même pour les voitures particulières employées au transport des personnes.

Cette disposition pourra être appliquée aux voitures d'agriculture par des arrêtés des préfets ou des maires.

Art. 15. — Tout propriétaire de voiture ne servant pas au transport des personnes est tenu de faire placer en avant des roues et au côté gauche de sa voiture, une plaque métallique portant, en caractères apparents et lisibles, ayant au moins cinq millimètres (0^m 005) de hauteur, ses nom, prénoms et profession, le nom de la commune, du canton et du département de son domicile.

Sont exceptées de cette disposition, conformément au décret du 3 novembre 1855 :

1° Les voitures particulières destinées au transport des personnes, mais étrangères à un service public des messageries ;

2° Les voitures appartenant à l'administration des postes.

3° Les voitures d'artillerie, chariots et fourgons appartenant aux départements de la guerre et de la marine ;

4° Les voitures employées à la culture des terres, au transport des récoltes, à l'exploitation des fermes, qui se rendent de la ferme aux champs ou des champs à la ferme, ou qui servent au transport des objets récoltés du lieu où ils ont été recueillis jusqu'à celui où, pour les conserver ou les manipuler, le cultivateur les dépose ou les rassemble.

TITRE III.

Dispositions applicables aux voitures des messageries.

Art. 16. — Les entrepreneurs de voitures publiques allant à destination fixe déclareront le siège principal de leur établissement, le nombre de leurs voitures, celui des places qu'elles contiennent, le lieu de destination, les jours et heures de départ et d'arrivée. Cette déclaration sera faite dans le département, au préfet et aux sous-préfets.

Ces formalités ne seront obligatoires pour les entrepreneurs actuels, qu'au renouvellement de leurs voitures, ou lorsqu'ils en modifieront la forme ou la contenance.

Tout changement aux dispositions arrêtées par suite du premier paragraphe du présent article donnera lieu à une déclaration nouvelle.

Art. 17. — Aussitôt après les déclarations faites en vertu des paragraphes 1 et 2 de l'article précédent, le préfet ou le sous-préfet ordonne la visite des voitures, afin de constater si elles sont entièrement conformes à ce qui est prescrit par les articles ci-après, de 18 à 28 inclusivement, et si elles ne présentent aucun vice de construction qui puisse occasionner des accidents. Cette visite, qui pourra être renouvelée toutes les fois que l'autorité le jugera nécessaire, sera faite en présence du commissaire de police, par un expert nommé par le préfet ou le sous-préfet.

L'entrepreneur a la faculté de nommer de son côté un expert pour opérer contradictoirement avec celui de l'administration.

La visite des voitures ne peut être faite qu'à l'un des principaux établissements de l'entreprise; les frais sont à la charge de l'entrepreneur.

Le préfet prononce sur le vu du procès-verbal d'expertise et du rapport du commissaire de police.

Aucune voiture ne peut être mise en circulation avant la délivrance de l'autorisation du préfet.

Le préfet adresse au directeur des contributions directes extrait des autorisations par lui accordées en vertu du présent article.

L'estampille prescrite par l'art. 117 de la loi du 25 mars 1847 n'est délivrée que sur le vu de cette autorisation, qui doit être écrite sur un registre spécial.

Art. 18. — La largeur de la voie pour les voitures publiques est fixée, au minimum, à un mètre soixante-cinq centimètres (1ᵐ 65) entre le milieu des jantes de la partie des roues reposant sur le sol.

Si les voitures sont à quatre roues, la voie du devant pourra être réduite à un mètre cinquante-cinq centimètres (1ᵐ 55).

En pays de montagne, les entrepreneurs peuvent être autorisés par les préfets, sur l'avis des ingénieurs et des agents voyers, à employer des largeurs de voie moindres que celles réglées par les paragraphes précédents, mais à la condition que les voies seront au moins égales à la voie la plus large des voitures en usage dans la contrée.

Art. 19. — La distance entre les axes des deux essieux, dans les voitures publiques à quatre roues, sera égale au moins à la moitié de la longueur des caisses mesurées à la hauteur de leur ceinture, sans pouvoir néanmoins descendre au-dessous de un mètre cinquante-cinq centimètres ($1^m 55$).

Art. 20. — Le maximum de la hauteur des voitures publiques, depuis le sol jusqu'à la partie la plus élevée du chargement, est fixé à trois mètres (3^m) pour les voitures à quatre roues et de deux mètres soixante centimètres ($2^m 60$) pour les voitures à deux roues.

Il est accordé, pour les voitures à quatre roues, une augmentation de dix centimètres ($0^m 10$), si elles sont pourvues à l'avant-train de sassoires et de contre-sassoires formant chacune au moins un demi-cercle de un mètre quinze centimètres ($1^m 15$) de diamètre, ayant la cheville ouvrière pour centre.

Lorsque, par application du troisième paragraphe de l'art. 18, on autorisera une réduction dans la largeur de la voie, le rapport de la hauteur de la voiture avec la largeur de la voie sera, au maximum, de un trois quarts.

Dans tous les cas, la hauteur est réglée par une traverse en fer placée au milieu de la longueur affectée au chargement, et dont les montants, au moment de la visite prescrite par l'art. 18, sont marqués d'une estampille constatant qu'ils ne dépassent pas la hauteur voulue ; ils doivent, ainsi que la traverse, être constamment apparents.

La bâche qui recouvre le chargement ne peut déborder ces montants ni la hauteur de la traverse.

Il est défendu d'attacher aucun objet en dehors de la bâche.

Art. 21. — Les compartiments des voitures publiques seront disposés de manière à satisfaire aux conditions suivantes :

Largeur moyenne des places, quarante-huit centimètres (0^m 48) ;

Largeur des banquettes, quarante-cinq centimètres (0^m 45) ;

Distance entre deux banquettes, quarante-cinq centimètres (0^m 45) ;

Distance entre la banquette du coupé et le devant de la voiture, trente-cinq centimètres (0^m 35) ;

Hauteur du pavillon au-dessus du fond de la voiture, un mètre quarante centimètres (1^m 40) ;

Hauteur des banquettes, y compris le coussin, quarante centimètres (0^m 40) ;

Pour les voitures parcourant moins de 50 kilomètres et pour les banquettes à plus de trois places, la largeur moyenne des places pourra être réduite à qaurante centimètres (0^m 40) ;

Art. 22. — Il peut être placé sur l'impériale une banquette destinée au conducteur et à deux voyageurs, ou à trois voyageurs lorsque le conducteur se placera sur le même siège que le cocher.

Cette banquette, dont la hauteur, y compris le coussin, ne dépassera pas trente centimètres (0^m 30), ne peut être recouverte que d'une capote flexible.

Aucun paquet ne peut être chargé sur cette banquette.

Art. 23. — Le coupé et l'intérieur auront une portière de chaque côté.

La caisse de derrière, ou la rotonde, peut n'avoir qu'une portière ouverte à l'arrière.

Chaque portière sera garnie d'un marche-pied.

Dans chaque compartiment des voitures publiques, il sera placé un cordon destiné à mettre les voyageurs en rapport avec le conducteur.

Art. 24. — Toutes les fois que les préfets feront application du troisième paragraphe de l'art. 18 du présent arrêté, ils pourront également réduire les fixations indiquées par les art. 20 et 21.

Art. 25. — Les essieux seront en fer corroyé, de bonne qualité, et arrêtés à chaque extrémité, soit par un écrou assujetti au moyen d'une clavette, soit par une boîte à huile fixée par quatre boulons traversant la longueur du moyeu, soit par tout autre système qui serait approuvé par le Gouverneur général.

Art. 26. — Toute voiture publique doit être munie d'une machine à enrayer agissant sur les roues de derrière, et disposée de manière à pouvoir être manœuvrée de la place assignée au conducteur.

Les voitures doivent être, en outre, pourvues d'un sabot et d'une chaîne d'enrayage, que le conducteur placera à chaque descente rapide.

Les préfets peuvent dispenser de l'emploi de ces appareils, les voitures qui parcourent uniquement des pays de plaine.

Art. 27. — Pendant la nuit, les voitures publiques seront éclairées par une lanterne à réflecteur placée à droite et à l'avant de la voiture.

Art. 28. — Chaque voiture porte à l'extérieur, dans un endroit apparent, indépendamment de l'estampille délivrée par l'administration, le nom et le domicile de l'entrepreneur, et l'indication du nombre des places de chaque compartiment.

Art. 29. — Elle porte à l'intérieur des compartiments :

1° Le numéro de chaque place; 2° le prix de la place depuis le lieu du départ jusqu'à celui d'arrivée.

L'entrepreneur ne peut admettre dans les compartiments de ses voitures un plus grand nombre de voyageurs que celui indiqué sur les panneaux, conformément à l'art. 28.

Art. 30. — Chaque entrepreneur inscrit sur un registre, coté et paraphé par le maire, le nom des voyageurs qu'il transporte; il y inscrit également les ballots et paquets dont le transport lui est confié.

Il remet au conducteur, pour lui servir de feuille de route, une copie de cet enregistrement, et à chaque voyageur un extrait de ce qui le concerne, avec le numéro de sa place.

Art. 31. — Les conducteurs ne peuvent prendre en route aucun voyageur, ni recevoir aucun paquet, sans en faire mention sur les feuilles de route qui leur ont été remises au point de départ.

Art. 32. — Toute voiture publique dont l'attelage ne présentera de front que deux rangs de chevaux, peut être conduite par un seul postillon ou un seul cocher.

Elle devra être conduite par deux postillons ou par un cocher et un postillon, lorsque l'attelage comportera plus de deux rangs de chevaux.

Art. 33. — Les postillons ou cochers ne pourront, sous aucun prétexte, descendre de leurs chevaux ou de leurs sièges.

Il leur est enjoint d'observer, dans les traversées des villes et des villages, les règlements de police concernant la circulation dans les rues.

Dans les haltes, les conducteurs et le postillon ne peuvent quitter en même temps la voiture, tant qu'elle reste attelée.

Avant de remonter sur son siège, le conducteur doit s'assurer que les portières sont exactement fermées.

Art. 34. — Lorsque, contrairement à l'art. 8 du présent arrêté, un roulier ou conducteur de voiture n'aura pas cédé la moitié de la chaussée à une voiture publique, le conducteur ou postillon qui aurait à se plaindre de cette contravention devra en faire la déclaration à l'officier de police du lieu le plus rapproché, en faisant connaître le nom du voiturier d'après la plaque de sa voiture.

Les procès-verbaux de contravention seront sur-le-champ transmis au procureur impérial, qui fera poursuivre les délinquants.

Art. 35. — Les entrepreneurs de voitures publiques feront, à la préfecture ou sous-préfecture du lieu où sont établis leurs relais, la déclaration des lieux où ces relais sont situés et du nom des relayeurs.

Une déclaration semblable sera faite chaque fois que les entrepreneurs traiteront avec un nouveau relayeur.

Art. 36. — Les relayeurs ou leurs préposés seront présents à l'arrivée et au départ de chaque voiture, et s'assureront par eux-mêmes, et sous leur responsabilité, que les postillons ne sont pas en état d'ivresse.

La tenue des relais, en tout ce qui intéresse la sûreté des voyageurs, est surveillée par les maires des communes où ces relais se trouvent établis.

Art. 37. — Nul ne peut être admis comme postillon ou cocher s'il n'est âgé de seize ans au moins, et porteur d'un livret délivré par le maire de la commune de son domicile, attestant ses bonnes vie et mœurs et son aptitude pour le métier qu'il veut exercer.

Art. 38. — A chaque bureau de départ et d'arrivée et à chaque relais, il y a un registre coté et paraphé par le maire pour l'inscription des plaintes que les voyageurs peuvent avoir à former contre les conducteurs, postillons ou cochers. Ce registre est présenté aux voyageurs à toute réquisition par le chef du bureau ou par le relayeur.

Art. 39. — Les articles ci-dessus, de 15 à 37, seront constamment placardés, à la diligence des entrepreneurs des voitures publiques, dans le lieu le plus apparent de ces bureaux et des relais.

Les articles ci-dessus, de 27 à 37 inclusivement, seront imprimés à part, et affichés dans l'intérieur de chacun des compartiments des voitures.

TITRE IV.

DISPOSITIONS TRANSITOIRES.

Art. 40. — L'emploi des voitures existantes peut être autorisé jusqu'à leur mise hors de service, bien qu'elles ne satisfassent pas aux conditions exigées par les art. 18, 19, 20 et 21, lorsque le préfet, sur l'avis des ingénieurs des ponts et chaussées, aura reconnu qu'elles ne présentent pas de défauts graves et que leur circulation peut avoir lieu sans danger pour les voyageurs.

TITRE V.

Art. 41. — Les contraventions au présent arrêté

seront constatées, poursuivies et réprimées conformément aux titres II et III du décret du 3 novembre 1855, sans préjudice des mesures spéciales
prescrites par les règlements locaux.

Art. 42. — En territoire militaire, les attributions conférées par le présent arrêté aux préfets,
sous-préfets, commissaires civils et maires, sont
dévolues aux généraux commandant les divisions,
aux généraux commandant les subdivisions et aux
officiers chargés des fonctions municipales.

Les attributions conférées au service des ponts et
chaussées sont dévolues au service du génie militaire.

Art. 43. — Le Gouverneur général est chargé
de l'exécution du présent arrêté.

Paris, le 3 novembre 1855.

Signé : VAILLANT.

Vu pour être promulgué en Algérie.

Alger, le 4 décembre 1855.

Le Gouverneur général,

Comte RANDON.

Léautey, Imprimeur, rue St-Guillaume, 24.